BEI GRIN MACHT SICH IHR WISSEN BEZAHLT

- Wir veröffentlichen Ihre Hausarbeit,
  Bachelor- und Masterarbeit

- Ihr eigenes eBook und Buch -
  weltweit in allen wichtigen Shops

- Verdienen Sie an jedem Verkauf

Jetzt bei www.GRIN.com hochladen
und kostenlos publizieren

GRIN

Manfred Wünsche

Bueffelcoach Prüfungstraining

Band 7

Unterrichtsskript Betriebswirtschaftslehre

Alle wichtigen Begriffe und Aussagen

GRIN Verlag

Bibliografische Information der Deutschen Nationalbibliothek:

Die Deutsche Bibliothek verzeichnet diese Publikation in der Deutschen National-
bibliografie; detaillierte bibliografische Daten sind im Internet über http://dnb.d-
nb.de/ abrufbar.

Impressum:

Copyright © 2011 GRIN Verlag GmbH
Druck und Bindung: Books on Demand GmbH, Norderstedt Germany
ISBN: 978-3-640-95007-2

Dieses Buch bei GRIN:

http://www.grin.com/de/e-book/171622/unterrichtsskript-betriebswirtschaftslehre

GRIN - Your knowledge has value

Der GRIN Verlag publiziert seit 1998 wissenschaftliche Arbeiten von Studenten, Hochschullehrern und anderen Akademikern als eBook und gedrucktes Buch. Die Verlagswebsite www.grin.com ist die ideale Plattform zur Veröffentlichung von Hausarbeiten, Abschlussarbeiten, wissenschaftlichen Aufsätzen, Dissertationen und Fachbüchern.

Besuchen Sie uns im Internet:

http://www.grin.com/

http://www.facebook.com/grincom

http://www.twitter.com/grin_com

Einordnung BWL und VWL
in das System der Wissenschaften

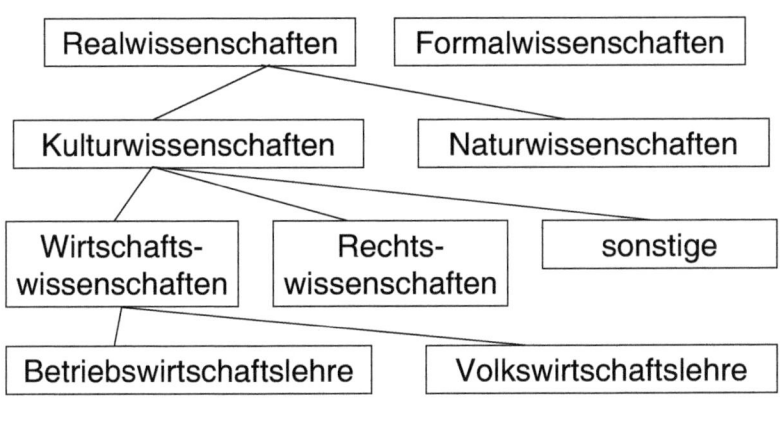

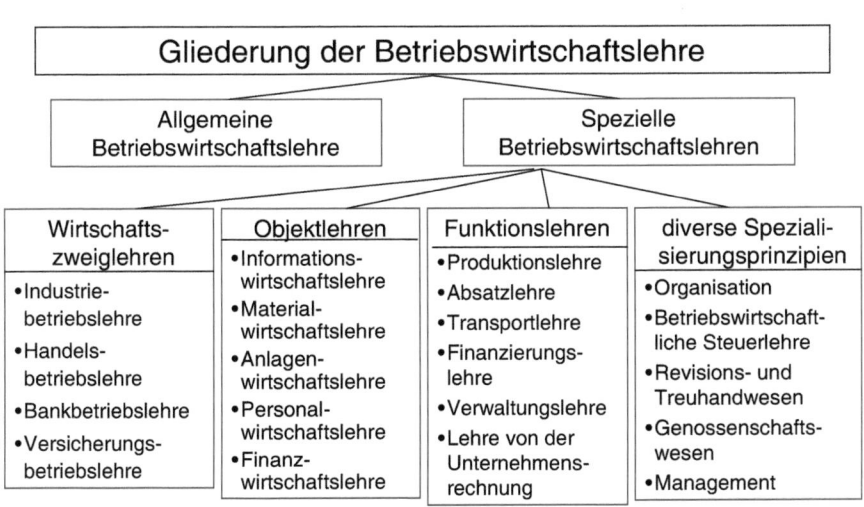

Funktionsorientierte Darstellung des Betriebs

Annahme: Die betrieblichen Funktionen (= alle Verrichtungen im Betrieb) sind prägend für den Betrieb.

Leitungsfunktionen			
Planung	Steuerung	Überwachung	Marketing
Leistungsfunktionen					
Beschaffung	Transport	Fertigung	Lagerung	Absatz	Forschung und Entwicklung
Verwaltungsfunktionen			
Rechnungswesen	Personal	EDV	allgemeine Verwaltung

Entscheidungsorientierte Darstellung des Betriebs

- **Annahme:**
  Wirtschaften ist Wählen und Wählen ist Entscheiden.

- Der Betrieb ist die Gesamtheit aller zur Zielerreichungen zu treffenden Entscheidungen.

- Die Betriebswirtschaftslehre versteht sich als Beratungswissenschaft für die zu treffenden Entscheidungen.

- Sie bietet systematische Kriterien und Instrumente zur Entscheidungsvorbereitung

Einige wichtige BWL-Begriffe (I): System

- Unternehmung
  - = zielorientiertes Aktionszentrum
  - = sozio-technisches System in Vernetzung mit Umfeldern und Bezugsgruppen
- System
  - = geordnete Ganzheit von Elementen, zwischen denen Beziehungen bestehen

    Die Unternehmung ist ein System, eingebettet in ein Umsystem, bestehend aus Subsystemen

Arten von Beziehungen zwischen den Elementen:
  - – Güterbeziehungen
  - – finanzielle Beziehungen
  - – Informationsbeziehungen

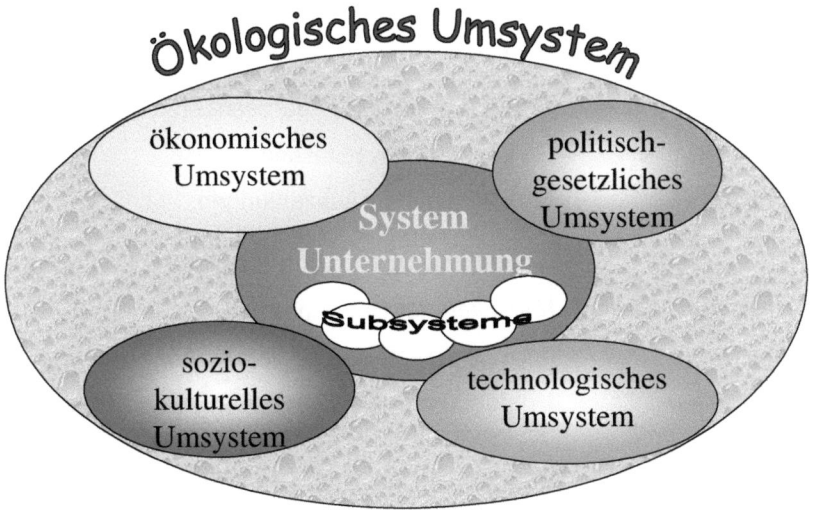

Einige wichtige BWL-Begriffe (II): Ziel

- Ziel

  = zukünftig angestrebter Zustand oder
  Entwicklungsprozess

  bzw. generelle Verhaltensvorschrift

- Zielarten

  – Sach-, Wert- und Sozialziele

  – quantifizierbare und nicht-quantifizierbare Ziele

  – Punktziele, Intervallziele, Extremalziele

  – Zeitpunktziele, Zeitraumziele

Einige typische betriebswirtschaftliche Ziele

Gewinn =	Ertrag ./. Aufwand (= Jahresüberschuss)
Rentabilität =	Gewinn durch Kapitaleinsatz
Cash Flow =	Einzahlungen ./. Auszahlungen (= Zahlungsmittelüberschuss) = Innenfinanzierungskraft der Unternehmung
Shareholder Value =	Marktwert der Unternehmung
Umsatz =	mit Verkaufspreisen bewertete Absatzmengen
Produktivität =	Output durch Input (= mengenmäßige Ergiebigkeit der betrieblichen Faktorkombination)
Wirtschaftlichkeit =	Ertrag durch Aufwand (= wertmäßige Ergiebigkeit der betrieblichen Faktorkombination)

Zielhierarchie

- Vision (= Idealvorstellung der Unternehmung in weiterer Zukunft)
- Unternehmensphilosophie (= Werte und Einstellungen der Führungskräfte)
- Unternehmenskultur (= Werte und Einstellungen der Mitarbeiter)
- generelle Ziele (Gewinnmaximierung und Liquidiätssicherung)
  - Sachziele: Produkt- und Dienstleistungsziele
  - Wertziele: Ergebnisziele, Umsatzziele, Liquiditätsziele
  - Sozialziele: Verhaltensziele ggü. Mitarbeitern, Kapitalgebern, Marktpartnern, Öffentlichkeit und sonstiger Umwelt
- strategische Ziele (Unternehmens- und Wettbewerbsstrategien)
- operative Ziele (Festlegung der Instrumente/Maßnahmen zur Erreichung der strategischen Ziele)

Zielbeziehungen

- **Antinomie:**
  - Erreichen von Ziel 1 schließt Erreichen von Ziel 2 aus.
- **Konflikt:**
  - Erreichen von Ziel 1 behindert Erreichen von Ziel 2.
- **Indifferenz:**
  - Erreichen von Ziel 1 ist unabhängig vom Erreichen von Ziel 2.
- **Komplementarität:**
  - Erreichen von Ziel 1 fördert Erreichen von Ziel 2.
- **Identität:**
  - Erreichen von Ziel 1 bedeutet Erreichen von Ziel 2.

Unterschied zwischen effektiv und effizient:
  - effektiv = möglichst hoher Zielerreichungsgrad
  - effizient = optimales Ziel-Mittel-Verhältnis

Einige wichtige BWL-Begriffe (III): Planung

Führung = personenbezogener Informations- und Kommunikationsprozess, umfasst die Willensbildung und Willensdurchsetzung unter Übernahme der damit verbundenen Verantwortung = Planung, Steuerung und Kontrolle = Controlling

Planung = systematische gedankliche Vorwegnahme zukünftigen Geschehens

Der Planungsprozess (sechs Phasen)

1. Problemstellungsphase
  – Erkennen des Problems (Soll-Ist-Abweichung)
  – Ursachen-Analyse und Zielformulierung
2. Suchphase
  – Ermittlung von Alternativen
  – Auswahl prinzipiell geeigneter Alternativen
3. Beurteilungsphase
  – Beurteilung der Alternativen mittels Nutzwertanalyse
4. Entscheidungsphase
  – Auswahl der Alternative mit dem höchsten Nutzwert
	=
	Planung
	im
	engeren
	Sinne

5. Durchführungsphase – Veranlassung der Durchführung	= Steuerung

6. Kontrollphase
  – Überprüfung, ob gesetzte Ziele erreicht wurden
  – Soll-Ist-Vergleich
	= Kontrolle

Einige wichtige BWL-Begriffe (IV): Strategie

Strategie = Vorgehensweise grundsätzlicher Art

Eine Strategie ist ein Instrument, mit dessen Hilfe
unternehmerische Entscheidungen
und der mit ihnen verbundene Mitteleinsatz
auf einen in der Zukunft liegenden Zeitpunkt hin
koordiniert wird.

Sie beinhaltet Ziele,
die Grundstruktur der erforderlichen Aktionsmuster
und die Struktur und Dimension der erforderlichen
Ressourcen.

Arten von Strategien

- auf der Unternehmensebene
  - Wachstumsstrategie
    - Produkt-Markt-Strategie
    - lokale, regionale, nationale, internationale, globale Strategie
    - Do it yourself-, Kooperation- oder Akquisitionsstrategie
  - Stabilisierungsstrategie
  - Desinvestitionsstrategie
- auf der Geschäftsbereichsebene
  - Kostenführerstrategie
  - Produktdifferenzierungsstrategie
  - Nischenstrategie
- auf der Ebene der Funktionen
  - Beschaffungs-, Produktions-, Absatz-, Finanzierungs-, Personal-, Technologie-Strategien

Einige wichtige BWL-Begriffe (V): Kosten

- Kosten = bewerteter, leistungsbezogener Güterverzehr
- Opportunitätskosten
    = Kosten der entgangenen Gelegenheit
- Transaktionskosten
    = Kosten wirtschaftlicher Transaktionen
    = Reibungsverluste des ökonomischen Systems
    vor Vertragsabschluss:
    insbes. in Form von Verhandlungs- und Informationskosten
    (Informationen über potentielle Vertragspartner, Preis und Qualität
    von Gütern)
    nach Vertragsabschluss:
    Kosten für die Kontrolle der Vertragsbeziehung
    (z. B. für Qualitätskontrollen)
    und für die Anpassung an geänderte Konstellationen
    (z. B. bei einer Veränderung der Preise von Produktionsfaktoren)

Die acht Kostenarten nach Kosiol:

1. Material- oder Stoffkosten:
Kosten für Roh-, Hilfs- und Betriebsstoffe

2. Arbeitskosten:
Löhne und Gehälter, Personalnebenkosten, Lohnzusatzkosten und
Sozialkosten, sowie der kalkulatorische Unternehmerlohn

3. Kosten der Fremddienste (Dienstkosten):
Kosten für Fremdlohnarbeit, Fremdinstandhaltung,
Fremdreparaturen, Güter- und Personen-Fremdbeförderung,
Nachrichten-Fremdübermittlung sowie sonstige Dienstleistungen
Dritter

4. Kosten der Fremdrechte:
betriebsbedingte Wertverzehre für Fremdmieten, -pachten
und -lizenzen

Die acht Kostenarten nach Kosiol:

5. **kalkulatorische Abschreibung:**
   betriebsbedingter Wertverzehr an langfristig nutzbaren Gebrauchs-
   und Verbrauchsgütern, durch Verschleiß, Fristablauf oder technisch-
   wirtschaftlichen Fortschritt

6. **kalkulatorische Wagniskosten:**
   nicht vorhersehbare, unversicherte, technisch-ökonomische
   Zwangsverzehre

7. **Abgaben:**
   politisch-ökonomische Zwangsverzehre, nur Kostensteuern, nicht
   ertragsabhängige Steuern

8. **kalkulatorische Zinsen:**
   Zinsen auf das betriebsnotwendige Kapital. Dieses setzt sich aus dem
   betriebsbedingten Anlagevermögen und dem betriebsnotwendigen
   Umlaufvermögen abzüglich Abzugskapital zusammen.

BWL-Begriffe (VI): Organisation

Organisation

= integrative Strukturierung von Ganzheiten

= Formulieren genereller Regeln, die das arbeitsteilige Vorgehen und
damit das Zusammenwirken verschiedener Personen und Einheiten
möglichst zielwirksam gestalten.

Aufbauorganisation

= Schaffung einer hierarchischen Struktur durch Zuordnung von
Aufgaben, Kompetenzen und Verantwortung zu einer Stelle

Ablauforganisation

= raumzeitliche Strukturierung der Abläufe so, daß alle Arbeitsgänge
lückenlos aufeinander abgestimmt sind

Prozessorganisation

= Ausrichtung der Unternehmensstruktur an den Geschäftsprozessen,
darstellbar durch Wertschöpfungsketten

BWL-Begriffe (VI): Organisation

Stelle = kleinste organisatorische Einheit, charakterisiert durch Aufgabe, Aufgabenträger und Sachmittel
Wird gebildet durch Aufgabenanalyse und Aufgabensynthese.

Instanz = Stelle mit Leitungsbefugnis

Leitungsbreite = Anzahl der Stellen pro Instanz

Leitungstiefe = Anzahl der Hierarchieebenen

Abteilung = Stellenmehrheit mit einer Instanz und mindestens einer weiteren Stelle. Andere Stellenmehrheiten sind: Arbeitsgruppen, Workshops, Ausschüsse, Teams, Konferenzen.

Projekt = zeitlich begrenzte Zusammenarbeit von Stelleninhabern unterschiedlicher Teilbereiche

Funktionale Organisation

= verrichtungsorientierte Einlinienorganisation mit einer Tendenz zur Entscheidungszentralisation

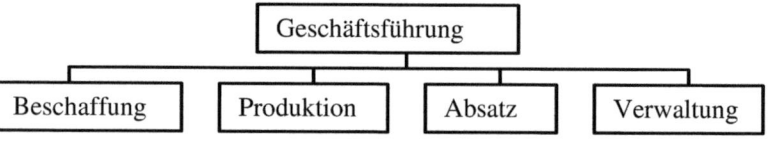

- ungeteilte Weisungskompetenzen = Weisungen nur von einem Vorgesetzten (= Einheit der Auftragsverteilung)
- Zwischen den Funktionen existieren zahlreiche produkt- und marktbezogene Interdependenzen, daraus ergeben sich vielfältige Koordinationsaufgaben.
- Unternehmensspitze muss in starkem Maße eingreifen, um eine Abstimmung der Teilprobleme und -ziele i. S. eines Gesamtoptimums vorzunehmen (=> Tendenz zur Zentralisation)

Divisionale Organisation

- = objektorientierte Einlinienorganisation mit einer Tendenz zur Entscheidungsdezentralisation

- Gliederung nach Objekten: Produkte/Produktgruppen, Regionen, Kundengruppen
- Divisions werden als Sparten oder Geschäftsbereiche bezeichnet. Ihnen sind die Kernfunktionen (Absatz und Produktion) zuzuordnen. Andere Bereiche können als Zentralbereiche organisiert werden, was die Primärstruktur entsprechend verändert.
- Weisungskompetenzen ungeteilt
- hoher Grad an Dispositionsfreiheit erforderlich, daher Entscheidungsdezentralisation

Matrixorganisation

= Mehrlinienorganisation mit gleichzeitiger Verrichtungs- und Objektorientierung, Tendenz zur Entscheidungsdezentralisation

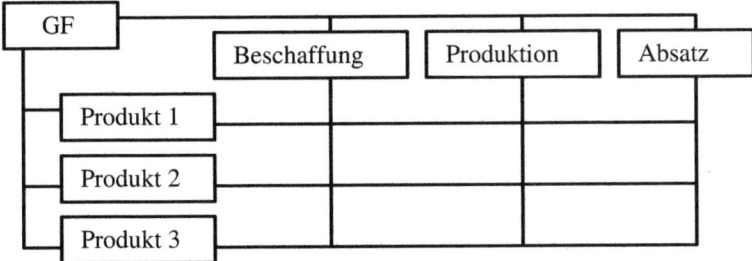

- Entscheidungsdezentralisation zwischen erster und zweiter Ebene, weitergehend nicht möglich, ohne Funktionsfähigkeit zu gefährden
- Weisungsbefugnisse spalten sich im Grundmodell auf (Mehrliniensystem), Mitarbeiter erhalten gleichberechtigte Weisungen
- gleichzeitig Objekt- und Verrichtungsgliederung auf zweiter Ebene

Hierarchie-Typen

- **zentralistische Hierarchie (Typ A):**
  Konzentration von Entscheidungsprozessen, strikte Weisungslinien
- **delegationsergänzte Hierarchie (Typ B):**
  weniger stark zentralisierte Entscheidungsprozesse, Delegation von
  Routineentscheidungen
  <u>Delegation</u> = Verlagerung der Entscheidung auf nachgeordnete
  Ebene.
- **partizipationsergänzte Hierarchie (Typ C):**
  Partizipation kann bereits über informierende und beratende
  Mitwirkung hinausreichen.
  <u>Partizipation</u> = Beteiligung nachgeordneter Ebenen an der
  Entscheidung
- **dezentralistische Hierarchie (Typ D):**
  weitgehende Dezentralisiation

BWL-Begriffe (VII): Investition

= Bindung liquider Mittel in Vermögensgegenständen
= Zahlungsreihe, die mit einer Auszahlung beginnt.

- **nach dem Investitionsanlass**
  - Errichtungs- (Erst-) Investition
  - Folgeinvestition
    - Ersatz- und Erhaltungsinvestition
    - Erweiterungsinvestition
    - Änderungsinvestition (Rationalisierung, Umstellung)
- **nach dem Investitionsobjekt**
  - Immaterielle Investition, z. B. Forschungs-, Werbeinvestition
  - Real- oder Sachinvestition, z. B. Gebäude, Maschinen
  - Finanzinvestition, z. B. Beteiligungen, Wertpapiere

BWL-Begriffe (VIII): Finanzierung

= Beschaffung bzw. Erhaltung finanzieller Mittel zum Zwecke der Anlage im Unternehmen

= Zahlungsstrom, der mit einer Einzahlung beginnt.

- Gegenstand von Finanzierungsentscheidungen
  - Höhe des zu deckenden Finanzierungsbedarfs
  - Zeitpunkt und Fristigkeit der Finanzierungsmaßnahmen
  - Herkunft der Finanzmittel (Finanzierungsquelle)
  - Finanzierungskonditionen
  - Art der Finanzierung (Finanzierungsform)

Komponenten des Finanzbedarfs

- Finanzbedarf aus dem Anlagevermögen
- Finanzbedarf aus dem Umlaufvermögen
  - durchschnittlicher Tagesverbrauch an Werkstoffen, Energie und Arbeits- sowie Dienstleistungen
  - Länge der Planungsperiode
  - durchschnittliche Vermögensbindung aufgrund von Produktionsdauer, Lagerdauer, Zahlungsziel
- Ergänzungsbedarf wegen
  - nicht kalkulierter Auszahlungen
  - Abweichungen von geplanten Ein- und Auszahlungen

BWL-Begriffe (IX): Personal

- **Personalbedarfsermittlung**
  - Erstellung von Anforderungsprofilen
  - Personalplanung
- **Personalbeschaffung**
  - Personalanwerbung
  - Personalauswahl
  - Arbeitsvertragsgestaltung
- **Personaleinsatz**
  - Stellenzuordnung
  - Arbeitsstudien
  - Arbeitszeitgestaltung
  - Aufgabengestaltung
  - Personalentwicklung

- **Personalverwaltung und -betreuung**
  - Arbeitsplatzgestaltung
  - Arbeitsschutzmaßnahmen und Gesundheitswesen
  - Durchführung der Mitbestimmung
  - Aus- und Weiterbildung
- **Personalentgelt**
  - Leistungsermittlung und Entgeltvereinbarung
  - Lohn- und Gehaltsabrechnung
  - Ergebnisbeteiligung
- **Personalfreisetzung**
  - Ausscheiden aus Alters- oder Invaliditätsgründen
  - Kündigung
  - Fluktuationsanalyse

BWL-Begriffe (X): Kooperation

- **Unternehmensverbindungen**
  - = wirtschaftliche Verflechtungen zweier oder mehrerer rechtlich selbständiger Unternehmen, die über laufende Lieferungs- und Leistungsbeziehungen hinausgehen und damit die wirtschaftliche Selbständigkeit mindestens eines der Unternehmen einschränken.

- **Formalziele von Unternehmensverbindungen**
  - Erhöhung von Rentabilität oder Shareholder Value
    - Erhöhung der Erlöse durch Beschleunigung des Wachstums, Verbesserung der Wettbewerbsposition, Erhöhung der Innovationskraft
    - Verminderung der Kosten durch Nutzung von Synergie-Effekten, Steuerersparnis
    - Verminderung des Risikos
  - Erhöhung bzw. Sicherung der Liquidität

BWL-Begriffe (X): Kooperation

Sachziele von Unternehmensverbindungen

- Beschaffungsziele:
  - Sicherung der Versorgung
- Leistungserstellungsziele:
  - Verbesserung der Kapazitätsauslastung
  - Reduzierung von Lagerbeständen
- Absatzziele:
  - Verbesserung der Vertriebsorganisation
  - Gebiets-, Preis- und Konditionsabstimmung
  - Verbesserung der Wettbewerbsfähigkeit

- Finanzierungsziele:
  - Ausgleich von Zahlungsströmen
  - Beschaffung von Großkrediten
- Forschungs- und Entwicklungsziele:
  - Verbesserung der Grundlagenforschung und der Innovationsverwertung
- Verwaltungsziele:
  - Verbesserung der Aus- und Fortbildung sowie des Informations- und Kommunikationswesens

Klassifikation Unternehmensverbindungen

- Ordnung nach der leistungswirtschaftlichen Verflechtung
  - horizontale Unternehmensverbindungen
    - Verbindung von Unternehmen **gleicher** Branche bzw. Produktions- oder Handelsstufe
  - vertikale Unternehmensverbindungen
    - Verbindung von Unternehmen **aufeinanderfolgender** Produktions- oder Handelsstufen
    - Vorwärts- oder Rückwärtsintegration
  - konglomerate Unternehmensverbindungen
    - Verbindung von Unternehmen **unterschiedlicher** Branchen bzw. Produktions- oder Handelsstufen
    - mit heterogenem Produktprogramm

Klassifikation Unternehmensverbindungen
Ordnung nach der Bindungsintensität der Verbindung

- Unternehmenskooperation
  - Aufgabe der wirtschaftlichen Autonomie in definierten Bereichen
  - **Kooperation i. e. S.** (keine wettbewerbsbeschränkende Wirkung)
    - Arbeitsgemeinschaften und Konsortien (zeitlich begrenzt)
    - Funktionsgemeinschaften: Verbände, Genossenschaften, Interessengemeinschaften (zeitlich nicht begrenzt)
  - **Kartelle** (wettbewerbsbeschränkende Wirkung ist möglich, dann verboten!)

- Unternehmens-vereinigungen
  - vollständige Aufgabe der wirtschaftlichen Autonomie mindestens eines Unternehmens
  - **Konzerne:** Wahrung der rechtlichen Selbständigkeit
  - **Fusionen:** Aufgabe der rechtlichen Selbständigkeit

BWL-Begriffe (XI): Produktion

= jeder gelenkte Einsatz von materiellen und immateriellen Inputfaktoren zur Erzeugung qualitativ und/oder quantitativ veränderter Güter und Dienstleistungen

- **Formen der Produktion**
  - nach dem Wiederholungsgrad (Fertigungstypen)
    - Einzelfertigung oder Mehrfachfertigung
    - Serien-, Sorten-, Chargen- oder Massenfertigung
  - nach der Organisation des Fertigungsverfahrens
    - Werkstattprinzip: Handwerk, Werkstatt, Baustelle
    - Gruppenfertigung
    - Fliessprinzip: Straßen- oder Taktfertigung

BWL-Begriffe (XII): Beschaffung

- Beschaffungs- bzw. materialwirtschaftliche Probleme:
  - Mengenproblem
    - Festlegung der zum Zeitpunkt des Bedarfs benötigten Mengen
  - Sortimentsproblem
    - Festlegung der anforderungsgerechten Minimalqualitäten
  - Raumüberbrückungsproblem
    - Lösung der Transportaufgabe
  - Zeitproblem
    - Optimierung der Zeitspanne zwischen Materialbeschaffung und Materialverwendung
  - Kapitalproblem
    - Optimierung der Umschlagshäufigkeit des Materials